1 de manzanas

por Judy Nayer
ilustrado por Theresa Anderko

Harcourt

Orlando   Boston   Dallas   Chicago   San Diego

Visita *The Learning Site*
www.harcourtschool.com

El sábado por la manaña me
despierto tempranito y miro por la
ventana. Mamá y papá están en
la cocina.

—¿Ya es hora?—pregunto.

Ellos saben perfectamente lo
que quiero decir. Saben que
tengo muchas ganas de ir a
recoger manzanas.

Mamá habla un largo rato por teléfono. Finalmente cuelga y dice:—¡Sí, ya es hora! Las manzanas están maduras.

Tomamos el desayuno rápido
mientras papá prepara emparedados.
¡Estamos listos!

Camino a la aldea pasamos por praderas de heno y buzones azules. Veo un cartel que dice: MANZANAS. ¡Por fin hemos llegado!

Un señor nos da algunas bolsas
para poner las manzanas.
Caminamos entre los árboles hasta
encontrar un lindo lugar.—
Empecemos por aquí—dice papá.

Papá busca una escalera para alcanzar
las manzanas en la punta del árbol. Yo
también quiero subir, pero mamá y
papá dicen que es muy peligroso.

Con la bolsa sobre el hombro
comienzo a recoger manzanas. Froto
las manzanas contra mi suéter hasta
que brillan como monedas.

Después descansamos. Me
gustaría que mis manzanas fueran
las más lindas. ¡Al menos son las que
más brillan! —Qué hermosas son —
dice papá presumidamente.

Mamá extiende una manta sobre
el césped y saca la cesta de la
merienda. Todo es más rico al aire
libre. Comemos algunas de las
deliciosas y jugosas manzanas.

Al final de la tarde, un señor pesa las manzanas. Pero todavía me falta ver el campo de calabazas. Le pregunto a mamá y papá si puedo recoger una. ¡Seguro que sí!—dicen ellos.

Las plantas de calabazas crecen
en enredaderas que se arrastran
por el suelo, así que puedo
alcanzarlas fácilmente.

Camino a casa llevo la calabaza a
mi lado y voy pensando en lo ricas
que estaban las manzanas.

En casa, mamá hornea unos ricos
pasteles de manzanas. Yo saco
mis pinceles y le pinto una cara
a la calabaza. Incluso le pongo
una corona.

Pienso en el lindo día que pasé,
recogiendo manzanas hermosas y
buscando la calabaza más linda.
Pienso además en lo divertido
que fue pasar un día de fiesta con
mi familia.